Libro de proyectos de costura

Información

NOMBRE

DIRECCIÓN

DIRECCIÓN DE CORREO
ELECTRÓNICO

PÁGINA WEB

TELÉFONO   FAX

PERSONA DE CONTACTO
EN CASO DE EMERGENCIA

TELÉFONO   FAX

Rastreador de costura para llevar un registro de los proyectos de costura - regalo perfecto para los amantes de la costura

Libro de proyectos de costura

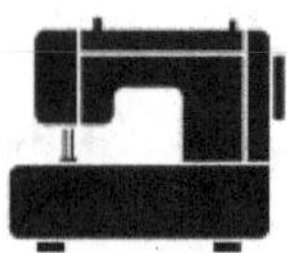

DETALLES

PROYECTO ....

CREADO PARA ....

FECHA DE INICIO ....   FECHA DE FINALIZACIÓN ....

PUNTO ....   CANTIDAD ....

PRECIO ....   DEPÓSITOPA GADO ....   SALDO PAGADO ....

MODELO UTILIZADO ....

MATERIAL NECESARIO ....

ESQUEMA / FOTO

NOTAS ADICAIONALES

....
....
....
....
....
....
....

Rastreador de costura para llevar un registro de los proyectos de costura - regalo perfecto para los amantes de la costura

Rastreador de costura para llevar un registro de los proyectos de costura - regalo perfecto para los amantes de la costura

DETALLES

PROYECTO ....

CREADO PARA ....

FECHA DE INICIO .... **FECHA DE FINALIZACIÓN** ....

PUNTO .... **CANTIDAD** ....

PRECIO .... **DEPÓSITO PAGADO** .... **SALDO PAGADO** ....

MODELO UTILIZADO ....

MATERIAL NECESARIO ....

ESQUEMA / FOTO

NOTAS ADICAIONALES

....
....
....
....
....
....
....
....
....

Libro de proyectos de costura

Libro de proyectos de costura

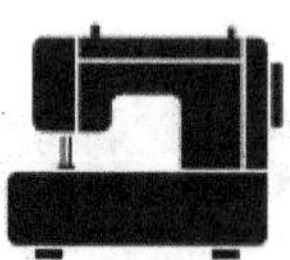

DETALLES

PROYECTO ....

CREADO PARA ....

FECHA DE INICIO .... FECHA DE FINALIZACIÓN ....

PUNTO .... CANTIDAD ....

PRECIO .... DEPÓSITOPA GADO .... SALDO PAGADO ....

MODELO UTILIZADO ....

MATERIAL NECESARIO ....

ESQUEMA / FOTO

NOTAS ADICAIONALES

....
....
....
....
....
....
....
....

Rastreador de costura para llevar un registro de los proyectos de costura - regalo perfecto para los amantes de la costura

Rastreador de costura para llevar un registro de los proyectos de costura - regalo perfecto para los amantes de la costura

DETALLES

PROYECTO ....

CREADO PARA ....

FECHA DE INICIO .... FECHA DE FINALIZACIÓN ....

PUNTO .... CANTIDAD ....

PRECIO .... DEPÓSITOPA .... SALDO
                         GADO .... PAGADO ....

MODELO UTILIZADO ....

MATERIAL
NECESARIO ....

ESQUEMA / FOTO

NOTAS ADICAIONALES

....
....
....
....
....
....
....
....

Libro de proyectos de costura

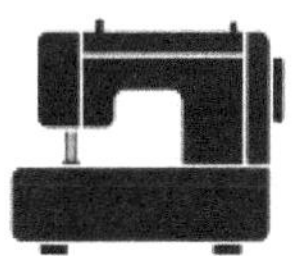

Libro de proyectos de costura

DETALLES

PROYECTO ....

CREADO PARA ....

FECHA DE INICIO .... FECHA DE FINALIZACIÓN ....

PUNTO .... CANTIDAD ....

PRECIO .... DEPÓSITOPA GADO .... SALDO PAGADO ....

MODELO UTILIZADO ....

MATERIAL NECESARIO ....

ESQUEMA / FOTO

NOTAS ADICAIONALES

....
....
....
....
....
....
....

Rastreador de costura para llevar un registro de los proyectos de costura - regalo perfecto para los amantes de la costura

Rastreador de costura para llevar un registro de los proyectos de costura - regalo perfecto para los amantes de la costura

DETALLES

PROYECTO ....

CREADO PARA ....

FECHA DE INICIO .... **FECHA DE FINALIZACIÓN** ....

PUNTO .... **CANTIDAD** ....

PRECIO .... **DEPÓSITOPA GADO** .... **SALDO PAGADO** ....

MODELO UTILIZADO ....

MATERIAL NECESARIO ....

ESQUEMA / FOTO

NOTAS ADICAIONALES

....
....
....
....
....
....
....
....

Libro de proyectos de costura

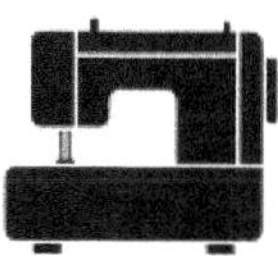

Libro de proyectos de costura

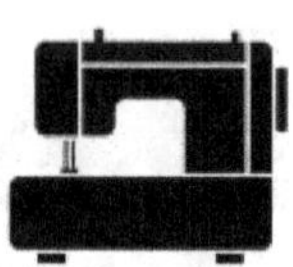

DETALLES

PROYECTO ....

CREADO PARA ....

FECHA DE INICIO .... **FECHA DE FINALIZACIÓN** ....

PUNTO .... **CANTIDAD** ....

PRECIO .... **DEPÓSITOPA GADO** .... **SALDO PAGADO** ....

MODELO UTILIZADO ....

MATERIAL NECESARIO ....

ESQUEMA / FOTO

NOTAS ADICAIONALES

....
....
....
....
....
....
....

Rastreador de costura para llevar un registro de los proyectos de costura - regalo perfecto para los amantes de la costura

Rastreador de costura para llevar un registro de los proyectos de costura - regalo perfecto para los amantes de la costura

DETALLES

PROYECTO ....

CREADO PARA ....

FECHA DE INICIO .... **FECHA DE FINALIZACIÓN** ....

PUNTO .... **CANTIDAD** ....

PRECIO .... **DEPÓSITOPA GADO** .... **SALDO PAGADO** ....

MODELO UTILIZADO ....

MATERIAL NECESARIO ....

ESQUEMA / FOTO

NOTAS ADICAIONALES

....
....
....
....
....
....
....
....

Libro de proyectos de costura

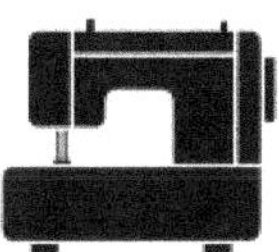

Libro de proyectos de costura

DETALLES

PROYECTO ....

CREADO PARA ....

FECHA DE INICIO .... **FECHA DE FINALIZACIÓN** ....

PUNTO .... **CANTIDAD** ....

PRECIO .... **DEPÓSITOPA GADO** .... **SALDO PAGADO** ....

MODELO UTILIZADO ....

MATERIAL NECESARIO ....

ESQUEMA / FOTO

NOTAS ADICAIONALES

....
....
....
....
....
....
....
....

Rastreador de costura para llevar un registro de los proyectos de costura - regalo perfecto para los amantes de la costura

Rastreador de costura para llevar un registro de los proyectos de costura - regalo perfecto para los amantes de la costura

DETALLES

PROYECTO ....

CREADO PARA ....

FECHA DE INICIO .... **FECHA DE FINALIZACIÓN** ....

PUNTO .... **CANTIDAD** ....

PRECIO .... **DEPÓSITOPA GADO** .... **SALDO PAGADO** ....

MODELO UTILIZADO ....

MATERIAL NECESARIO ....

ESQUEMA / FOTO

NOTAS ADICAIONALES

....
....
....
....
....
....
....
....

Libro de proyectos de costura

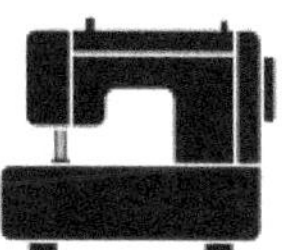

Libro de proyectos de costura

PROYECTO ....

CREADO PARA ....

FECHA DE INICIO .... FECHA DE FINALIZACIÓN ....

PUNTO .... CANTIDAD ....

PRECIO .... DEPÓSITOPA GADO .... SALDO PAGADO ....

MODELO UTILIZADO ....

MATERIAL NECESARIO ....

Rastreador de costura para llevar un registro de los proyectos de costura - regalo perfecto para los amantes de la costura

Rastreador de costura para llevar un registro de los proyectos de costura - regalo perfecto para los amantes de la costura

DETALLES

PROYECTO ....

CREADO PARA ....

FECHA DE INICIO .... FECHA DE FINALIZACIÓN ....

PUNTO .... CANTIDAD ....

PRECIO .... DEPÓSITOPA GADO .... SALDO PAGADO ....

MODELO UTILIZADO ....

MATERIAL NECESARIO ....

ESQUEMA / FOTO

NOTAS ADICAIONALES

....
....
....
....
....
....
....
....

Libro de proyectos de costura

Libro de proyectos de costura

DETALLES

PROYECTO ....

CREADO PARA ....

FECHA DE INICIO .... FECHA DE FINALIZACIÓN ....

PUNTO .... CANTIDAD ....

PRECIO .... DEPÓSITOPA GADO .... SALDO PAGADO ....

MODELO UTILIZADO ....

MATERIAL NECESARIO ....

ESQUEMA / FOTO

NOTAS ADICAIONALES

....

....

....

....

....

....

....

....

Rastreador de costura para llevar un registro de los proyectos de costura - regalo perfecto para los amantes de la costura

Rastreador de costura para llevar un registro de los proyectos de costura - regalo perfecto para los amantes de la costura

DETALLES

PROYECTO ....

CREADO PARA ....

FECHA DE INICIO .... FECHA DE FINALIZACIÓN ....

PUNTO .... CANTIDAD ....

PRECIO .... DEPÓSITOPAGADO .... SALDO PAGADO ....

MODELO UTILIZADO ....

MATERIAL NECESARIO ....

ESQUEMA / FOTO

NOTAS ADICAIONALES

....
....
....
....
....
....
....
....

Libro de proyectos de costura

Libro de proyectos de costura 

DETALLES

PROYECTO ....

CREADO PARA ....

FECHA DE INICIO .... **FECHA DE FINALIZACIÓN** ....

PUNTO .... **CANTIDAD** ....

PRECIO .... **DEPÓSITOPA GADO** .... **SALDO PAGADO** ....

MODELO UTILIZADO ....

MATERIAL NECESARIO ....

ESQUEMA / FOTO

NOTAS ADICAIONALES

....
....
....
....
....
....
....
....

Rastreador de costura para llevar un registro de los proyectos de costura - regalo perfecto para los amantes de la costura

Rastreador de costura para llevar un registro de los proyectos de costura - regalo perfecto para los amantes de la costura

DETALLES

PROYECTO ....

CREADO PARA ....

FECHA DE INICIO .... **FECHA DE FINALIZACIÓN** ....

PUNTO .... **CANTIDAD** ....

PRECIO .... **DEPÓSITOPA GADO** .... **SALDO PAGADO** ....

MODELO UTILIZADO ....

MATERIAL NECESARIO ....

ESQUEMA / FOTO

NOTAS ADICAIONALES

....
....
....
....
....
....
....
....

Libro de proyectos de costura

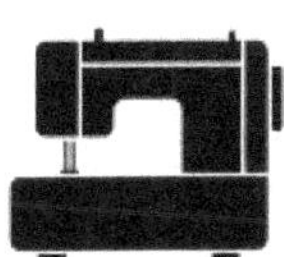

Libro de proyectos de costura

PROYECTO ....

CREADO PARA ....

FECHA DE INICIO .... FECHA DE FINALIZACIÓN ....

PUNTO .... CANTIDAD ....

PRECIO .... DEPÓSITOPA GADO .... SALDO PAGADO ....

MODELO UTILIZADO ....

MATERIAL NECESARIO ....

Rastreador de costura para llevar un registro de los proyectos de costura - regalo perfecto para los amantes de la costura

Rastreador de costura para llevar un registro de los proyectos de costura - regalo perfecto para los amantes de la costura

DETALLES

PROYECTO ....

CREADO PARA ....

FECHA DE INICIO .... **FECHA DE FINALIZACIÓN** ....

PUNTO .... **CANTIDAD** ....

PRECIO .... **DEPÓSITOPA GADO** .... **SALDO PAGADO** ....

MODELO UTILIZADO ....

MATERIAL NECESARIO ....

ESQUEMA / FOTO

NOTAS ADICAIONALES

....
....
....
....
....
....
....
....

Libro de proyectos de costura

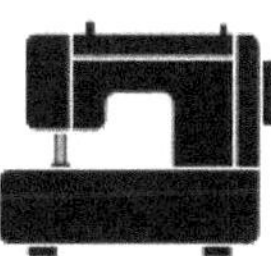

Libro de proyectos de costura

DETALLES

PROYECTO ....

CREADO PARA ....

FECHA DE INICIO .... **FECHA DE FINALIZACIÓN** ....

PUNTO .... **CANTIDAD** ....

PRECIO .... **DEPÓSITOPA GADO** .... **SALDO PAGADO** ....

MODELO UTILIZADO ....

MATERIAL NECESARIO ....

ESQUEMA / FOTO

NOTAS ADICAIONALES

....
....
....
....
....
....
....

Rastreador de costura para llevar un registro de los proyectos de costura - regalo perfecto para los amantes de la costura

Rastreador de costura para llevar un registro de los proyectos de costura - regalo perfecto para los amantes de la costura

DETALLES

PROYECTO ....

CREADO PARA ....

FECHA DE INICIO .... FECHA DE FINALIZACIÓN ....

PUNTO .... CANTIDAD ....

PRECIO .... DEPÓSITOPA GADO .... SALDO PAGADO ....

MODELO UTILIZADO ....

MATERIAL NECESARIO ....

ESQUEMA / FOTO

NOTAS ADICAIONALES

....
....
....
....
....
....
....
....

Libro de proyectos de costura

Libro de proyectos de costura

DETALLES

PROYECTO ....

CREADO PARA ....

FECHA DE INICIO .... **FECHA DE FINALIZACIÓN** ....

PUNTO .... **CANTIDAD** ....

PRECIO .... **DEPÓSITOPA GADO** .... **SALDO PAGADO** ....

MODELO UTILIZADO ....

MATERIAL NECESARIO ....

ESQUEMA / FOTO

NOTAS ADICAIONALES

....
....
....
....
....
....
....

Rastreador de costura para llevar un registro de los proyectos de costura - regalo perfecto para los amantes de la costura

Rastreador de costura para llevar un registro de los proyectos de costura - regalo perfecto para los amantes de la costura

DETALLES

PROYECTO ....

CREADO PARA ....

FECHA DE INICIO .... **FECHA DE FINALIZACIÓN** ....

PUNTO .... **CANTIDAD** ....

PRECIO .... **DEPÓSITOPA GADO** .... **SALDO PAGADO** ....

MODELO UTILIZADO ....

MATERIAL NECESARIO ....

ESQUEMA / FOTO

NOTAS ADICAIONALES

....
....
....
....
....
....
....
....

Libro de proyectos de costura

Libro de proyectos de costura

DETALLES

PROYECTO ....

CREADO PARA ....

FECHA DE INICIO .... **FECHA DE FINALIZACIÓN** ....

PUNTO .... **CANTIDAD** ....

PRECIO .... **DEPÓSITOPAGADO** .... **SALDO PAGADO** ....

MODELO UTILIZADO ....

MATERIAL NECESARIO ....

ESQUEMA / FOTO

NOTAS ADICAIONALES

....
....
....
....
....
....
....
....

Rastreador de costura para llevar un registro de los proyectos de costura - regalo perfecto para los amantes de la costura

Rastreador de costura para llevar un registro de los proyectos de costura - regalo perfecto para los amantes de la costura

DETALLES

PROYECTO ....

CREADO PARA ....

FECHA DE INICIO .... **FECHA DE FINALIZACIÓN** ....

PUNTO .... **CANTIDAD** ....

PRECIO .... **DEPÓSITO PAGADO** .... **SALDO PAGADO** ....

MODELO UTILIZADO ....

MATERIAL NECESARIO ....

ESQUEMA / FOTO

NOTAS ADICAIONALES

....
....
....
....
....
....
....
....

Libro de proyectos de costura

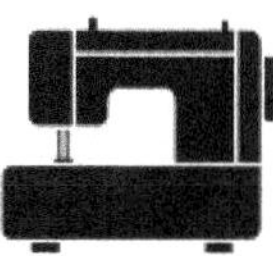

Libro de proyectos de costura

DETALLES

PROYECTO ....

CREADO PARA ....

FECHA DE INICIO .... FECHA DE FINALIZACIÓN ....

PUNTO .... CANTIDAD ....

PRECIO .... DEPÓSITOPA GADO .... SALDO PAGADO ....

MODELO UTILIZADO ....

MATERIAL NECESARIO ....

ESQUEMA / FOTO

NOTAS ADICAIONALES

....
....
....
....
....
....
....

Rastreador de costura para llevar un registro de los proyectos de costura - regalo perfecto para los amantes de la costura

Rastreador de costura para llevar un registro de los proyectos de costura - regalo perfecto para los amantes de la costura

DETALLES

PROYECTO ....

CREADO PARA ....

FECHA DE INICIO .... **FECHA DE FINALIZACIÓN** ....

PUNTO .... **CANTIDAD** ....

PRECIO .... **DEPÓSITOPA GADO** .... **SALDO PAGADO** ....

MODELO UTILIZADO ....

MATERIAL NECESARIO ....

ESQUEMA / FOTO

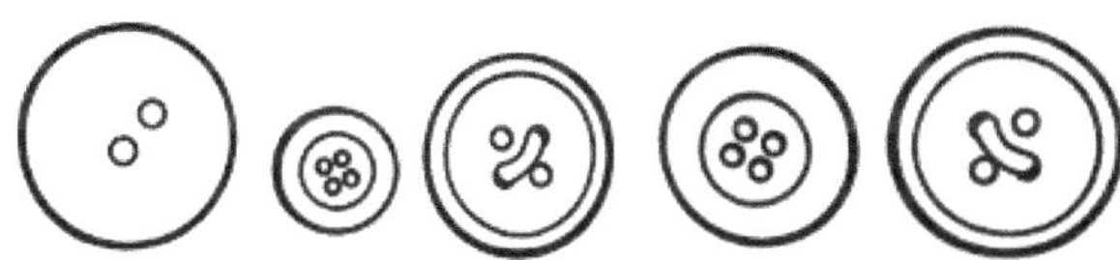

NOTAS ADICAIONALES

....
....
....
....
....
....
....
....

Libro de proyectos de costura

Libro de proyectos de costura

DETALLES

PROYECTO ....

CREADO PARA ....

FECHA DE INICIO .... **FECHA DE FINALIZACIÓN** ....

PUNTO .... **CANTIDAD** ....

PRECIO .... **DEPÓSITOPA GADO** .... **SALDO PAGADO** ....

MODELO UTILIZADO ....

MATERIAL NECESARIO ....

ESQUEMA / FOTO

NOTAS ADICAIONALES

....
....
....
....
....
....
....

Rastreador de costura para llevar un registro de los proyectos de costura - regalo perfecto para los amantes de la costura

Rastreador de costura para llevar un registro de los proyectos de costura - regalo perfecto para los amantes de la costura

DETALLES

PROYECTO ....

CREADO PARA ....

FECHA DE INICIO .... FECHA DE FINALIZACIÓN ....

PUNTO .... CANTIDAD ....

PRECIO .... DEPÓSITOPA GADO .... SALDO PAGADO ....

MODELO UTILIZADO ....

MATERIAL NECESARIO ....

ESQUEMA / FOTO

NOTAS ADICAIONALES

....
....
....
....
....
....
....
....

Libro de proyectos de costura

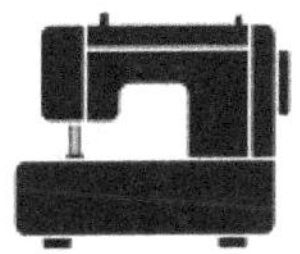

Libro de proyectos de costura

DETALLES

PROYECTO ....

CREADO PARA ....

FECHA DE INICIO .... FECHA DE FINALIZACIÓN ....

PUNTO .... CANTIDAD ....

PRECIO .... DEPÓSITOPA GADO .... SALDO PAGADO ....

MODELO UTILIZADO ....

MATERIAL NECESARIO ....

ESQUEMA / FOTO

NOTAS ADICAIONALES

....
....
....
....
....
....
....

Rastreador de costura para llevar un registro de los proyectos de costura - regalo perfecto para los amantes de la costura

Rastreador de costura para llevar un registro de los proyectos de costura - regalo perfecto para los amantes de la costura

DETALLES

PROYECTO ....

CREADO PARA ....

FECHA DE INICIO .... **FECHA DE FINALIZACIÓN** ....

PUNTO .... **CANTIDAD** ....

PRECIO .... **DEPÓSITOPA GADO** .... **SALDO PAGADO** ....

MODELO UTILIZADO ....

MATERIAL NECESARIO ....

ESQUEMA / FOTO

NOTAS ADICAIONALES

....
....
....
....
....
....
....
....

Libro de proyectos de costura

Libro de proyectos de costura

PROYECTO ....

CREADO PARA ....

FECHA DE INICIO .... FECHA DE FINALIZACIÓN ....

PUNTO .... CANTIDAD ....

PRECIO .... DEPÓSITOPA SALDO
GADO .... PAGADO ....

MODELO UTILIZADO ....

MATERIAL
NECESARIO ....

....
....
....
....
....
....
....

Rastreador de costura para llevar un registro de los proyectos de costura - regalo perfecto para los amantes de la costura

Rastreador de costura para llevar un registro de los proyectos de costura - regalo perfecto para los amantes de la costura

DETALLES

PROYECTO ....

CREADO PARA ....

FECHA DE INICIO .... **FECHA DE FINALIZACIÓN** ....

PUNTO .... **CANTIDAD** ....

PRECIO .... **DEPÓSITOPA GADO** .... **SALDO PAGADO** ....

MODELO UTILIZADO ....

MATERIAL NECESARIO ....

ESQUEMA / FOTO

NOTAS ADICAIONALES

....
....
....
....
....
....
....
....

Libro de proyectos de costura

Libro de proyectos de costura

PROYECTO ....

CREADO PARA ....

FECHA DE INICIO .... FECHA DE FINALIZACIÓN ....

PUNTO .... CANTIDAD ....

PRECIO .... DEPÓSITOPA GADO .... SALDO PAGADO ....

MODELO UTILIZADO ....

MATERIAL NECESARIO ....

Rastreador de costura para llevar un registro de los proyectos de costura - regalo perfecto para los amantes de la costura

Rastreador de costura para llevar un registro de los proyectos de costura - regalo perfecto para los amantes de la costura

DETALLES

PROYECTO ....

CREADO PARA ....

FECHA DE INICIO .... **FECHA DE FINALIZACIÓN** ....

PUNTO .... **CANTIDAD** ....

PRECIO .... **DEPÓSITOPA GADO** .... **SALDO PAGADO** ....

MODELO UTILIZADO ....

MATERIAL NECESARIO ....

ESQUEMA / FOTO

NOTAS ADICAIONALES

....
....
....
....
....
....
....
....

Libro de proyectos de costura

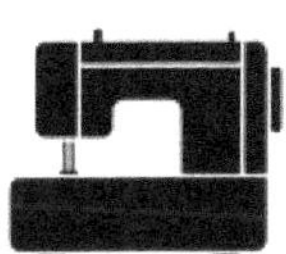

Libro de proyectos de costura

DETALLES

PROYECTO ....

CREADO PARA ....

FECHA DE INICIO .... FECHA DE FINALIZACIÓN ....

PUNTO .... CANTIDAD ....

PRECIO .... DEPÓSITOPA GADO .... SALDO PAGADO ....

MODELO UTILIZADO ....

MATERIAL NECESARIO ....

ESQUEMA / FOTO

NOTAS ADICAIONALES

....
....
....
....
....
....
....

Rastreador de costura para llevar un registro de los proyectos de costura - regalo perfecto para los amantes de la costura

Rastreador de costura para llevar un registro de los proyectos de costura - regalo perfecto para los amantes de la costura

DETALLES

PROYECTO ....

CREADO PARA ....

FECHA DE INICIO .... **FECHA DE FINALIZACIÓN** ....

PUNTO .... **CANTIDAD** ....

PRECIO .... **DEPÓSITOPA GADO** .... **SALDO PAGADO** ....

MODELO UTILIZADO ....

MATERIAL NECESARIO ....

ESQUEMA / FOTO

NOTAS ADICAIONALES

....
....
....
....
....
....
....
....

Libro de proyectos de costura

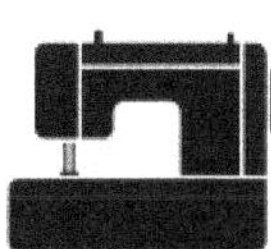

Libro de proyectos de costura

DETALLES

PROYECTO ....

CREADO PARA ....

FECHA DE INICIO .... FECHA DE FINALIZACIÓN ....

PUNTO .... CANTIDAD ....

PRECIO .... DEPÓSITOPA GADO .... SALDO PAGADO ....

MODELO UTILIZADO ....

MATERIAL NECESARIO ....

ESQUEMA / FOTO

NOTAS ADICAIONALES

Rastreador de costura para llevar un registro de los proyectos de costura - regalo perfecto para los amantes de la costura

Rastreador de costura para llevar un registro de los proyectos de costura - regalo perfecto para los amantes de la costura

DETALLES

PROYECTO ....

CREADO PARA ....

FECHA DE INICIO .... FECHA DE FINALIZACIÓN ....

PUNTO .... CANTIDAD ....

PRECIO .... DEPÓSITOPA GADO .... SALDO PAGADO ....

MODELO UTILIZADO ....

MATERIAL NECESARIO ....

ESQUEMA / FOTO

NOTAS ADICAIONALES

....
....
....
....
....
....
....
....

Libro de proyectos de costura

Libro de proyectos de costura

PROYECTO ....

CREADO PARA ....

FECHA DE INICIO .... **FECHA DE FINALIZACIÓN** ....

PUNTO .... **CANTIDAD** ....

PRECIO .... **DEPÓSITOPAGADO** .... **SALDO PAGADO** ....

MODELO UTILIZADO ....

MATERIAL NECESARIO ....

....
....
....
....
....
....
....

Rastreador de costura para llevar un registro de los proyectos de costura - regalo perfecto para los amantes de la costura

Rastreador de costura para llevar un registro de los proyectos de costura - regalo perfecto para los amantes de la costura

DETALLES

PROYECTO ....

CREADO PARA ....

FECHA DE INICIO .... FECHA DE FINALIZACIÓN ....

PUNTO .... CANTIDAD ....

PRECIO .... DEPÓSITO PAGADO .... SALDO PAGADO ....

MODELO UTILIZADO ....

MATERIAL NECESARIO ....

ESQUEMA / FOTO

NOTAS ADICAIONALES

....
....
....
....
....
....
....
....
....

Libro de proyectos de costura

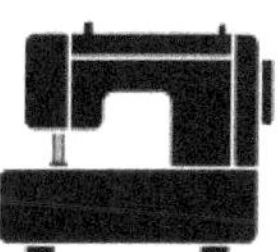

Libro de proyectos de costura

DETALLES

PROYECTO ....

CREADO PARA ....

FECHA DE INICIO .... **FECHA DE FINALIZACIÓN** ....

PUNTO .... **CANTIDAD** ....

PRECIO .... **DEPÓSITOPAGADO** .... **SALDO PAGADO** ....

MODELO UTILIZADO ....

MATERIAL NECESARIO ....

ESQUEMA / FOTO

NOTAS ADICAIONALES

....
....
....
....
....
....
....

Rastreador de costura para llevar un registro de los proyectos de costura - regalo perfecto para los amantes de la costura

Rastreador de costura para llevar un registro de los proyectos de costura - regalo perfecto para los amantes de la costura

DETALLES

PROYECTO ....

CREADO PARA ....

FECHA DE INICIO .... FECHA DE FINALIZACIÓN ....

PUNTO .... CANTIDAD ....

PRECIO .... DEPÓSITOPA GADO .... SALDO PAGADO ....

MODELO UTILIZADO ....

MATERIAL NECESARIO ....

ESQUEMA / FOTO

NOTAS ADICAIONALES

....
....
....
....
....
....
....
....

Libro de proyectos de costura

Libro de proyectos de costura

DETALLES

PROYECTO ....

CREADO PARA ....

FECHA DE INICIO .... **FECHA DE FINALIZACIÓN** ....

PUNTO .... **CANTIDAD** ....

PRECIO .... **DEPÓSITOPA GADO** .... **SALDO PAGADO** ....

MODELO UTILIZADO ....

MATERIAL NECESARIO ....

ESQUEMA / FOTO

NOTAS ADICAIONALES

....
....
....
....
....
....
....
....

Rastreador de costura para llevar un registro de los proyectos de costura - regalo perfecto para los amantes de la costura

Rastreador de costura para llevar un registro de los proyectos de costura - regalo perfecto para los amantes de la costura

DETALLES

PROYECTO ....

CREADO PARA ....

FECHA DE INICIO .... **FECHA DE FINALIZACIÓN** ....

PUNTO .... **CANTIDAD** ....

PRECIO .... **DEPÓSITOPA GADO** .... **SALDO PAGADO** ....

MODELO UTILIZADO ....

MATERIAL NECESARIO ....

ESQUEMA / FOTO

NOTAS ADICAIONALES

....
....
....
....
....
....
....
....

Libro de proyectos de costura

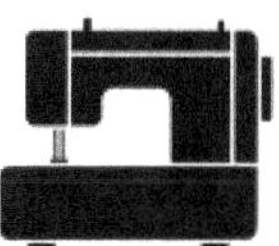

Libro de proyectos de costura

DETALLES

PROYECTO ....

CREADO PARA ....

FECHA DE INICIO .... FECHA DE FINALIZACIÓN ....

PUNTO .... CANTIDAD ....

PRECIO .... DEPÓSITOPAGADO .... SALDO PAGADO ....

MODELO UTILIZADO ....

MATERIAL NECESARIO ....

ESQUEMA / FOTO

NOTAS ADICAIONALES

....
....
....
....
....
....
....

Rastreador de costura para llevar un registro de los proyectos de costura - regalo perfecto para los amantes de la costura

Rastreador de costura para llevar un registro de los proyectos de costura - regalo perfecto para los amantes de la costura

DETALLES

PROYECTO ....

CREADO PARA ....

FECHA DE INICIO .... FECHA DE FINALIZACIÓN ....

PUNTO .... CANTIDAD ....

PRECIO .... DEPÓSITOPA GADO .... SALDO PAGADO ....

MODELO UTILIZADO ....

MATERIAL NECESARIO ....

ESQUEMA / FOTO

NOTAS ADICAIONALES

....
....
....
....
....
....
....
....

Libro de proyectos de costura

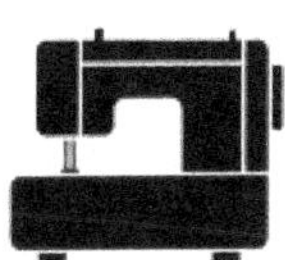

Libro de proyectos de costura

DETALLES

PROYECTO ....

CREADO PARA ....

FECHA DE INICIO .... **FECHA DE FINALIZACIÓN** ....

PUNTO .... **CANTIDAD** ....

PRECIO .... **DEPÓSITOPAGADO** .... **SALDO PAGADO** ....

MODELO UTILIZADO ....

MATERIAL NECESARIO ....

ESQUEMA / FOTO

NOTAS ADICAIONALES

Rastreador de costura para llevar un registro de los proyectos de costura - regalo perfecto para los amantes de la costura

Rastreador de costura para llevar un registro de los proyectos de costura - regalo perfecto para los amantes de la costura

DETALLES

PROYECTO ....

CREADO PARA ....

FECHA DE INICIO .... FECHA DE FINALIZACIÓN ....

PUNTO .... CANTIDAD ....

PRECIO .... DEPÓSITOPA GADO .... SALDO PAGADO ....

MODELO UTILIZADO ....

MATERIAL NECESARIO ....

ESQUEMA / FOTO

NOTAS ADICAIONALES

....
....
....
....
....
....
....
....
....

Libro de proyectos de costura

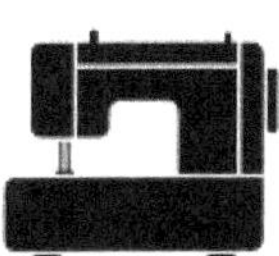

Libro de proyectos de costura

PROYECTO ....

CREADO PARA ....

FECHA DE INICIO .... FECHA DE FINALIZACIÓN ....

PUNTO .... CANTIDAD ....

PRECIO .... DEPÓSITOPA GADO .... SALDO PAGADO ....

MODELO UTILIZADO ....

MATERIAL NECESARIO ....

....
....
....
....
....
....
....

Rastreador de costura para llevar un registro de los proyectos de costura - regalo perfecto para los amantes de la costura

Rastreador de costura para llevar un registro de los proyectos de costura - regalo perfecto para los amantes de la costura

DETALLES

PROYECTO ....

CREADO PARA ....

FECHA DE INICIO .... FECHA DE FINALIZACIÓN ....

PUNTO .... CANTIDAD ....

PRECIO .... DEPÓSITOPA GADO .... SALDO PAGADO ....

MODELO UTILIZADO ....

MATERIAL NECESARIO ....

ESQUEMA / FOTO

NOTAS ADICAIONALES

....
....
....
....
....
....
....
....

Libro de proyectos de costura

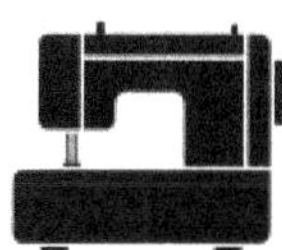

Libro de proyectos de costura

DETALLES

PROYECTO ....

CREADO PARA ....

FECHA DE INICIO ....   FECHA DE FINALIZACIÓN ....

PUNTO ....   CANTIDAD ....

PRECIO ....   DEPÓSITOPAGADO ....   SALDO PAGADO ....

MODELO UTILIZADO ....

MATERIAL NECESARIO ....

ESQUEMA / FOTO

NOTAS ADICAIONALES

....
....
....
....
....
....
....

Rastreador de costura para llevar un registro de los proyectos de costura - regalo perfecto para los amantes de la costura

Rastreador de costura para llevar un registro de los proyectos de costura - regalo perfecto para los amantes de la costura

DETALLES

PROYECTO ....

CREADO PARA ....

FECHA DE INICIO .... FECHA DE FINALIZACIÓN ....

PUNTO .... CANTIDAD ....

PRECIO .... DEPÓSITOPA GADO .... SALDO PAGADO ....

MODELO UTILIZADO ....

MATERIAL NECESARIO ....

ESQUEMA / FOTO

NOTAS ADICAIONALES

....
....
....
....
....
....
....

Libro de proyectos de costura

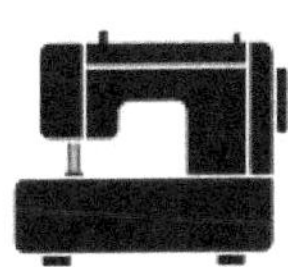

Libro de proyectos de costura

DETALLES

PROYECTO ....

CREADO PARA ....

FECHA DE INICIO .... **FECHA DE FINALIZACIÓN** ....

PUNTO .... **CANTIDAD** ....

PRECIO .... **DEPÓSITOPAGADO** .... **SALDO PAGADO** ....

MODELO UTILIZADO ....

MATERIAL NECESARIO ....

ESQUEMA / FOTO

NOTAS ADICAIONALES

....
....
....
....
....
....
....

Rastreador de costura para llevar un registro de los proyectos de costura - regalo perfecto para los amantes de la costura

Rastreador de costura para llevar un registro de los proyectos de costura - regalo perfecto para los amantes de la costura

DETALLES

PROYECTO ....

CREADO PARA ....

FECHA DE INICIO .... **FECHA DE FINALIZACIÓN** ....

PUNTO .... **CANTIDAD** ....

PRECIO .... **DEPÓSITOPA GADO** .... **SALDO PAGADO** ....

MODELO UTILIZADO ....

MATERIAL NECESARIO ....

ESQUEMA / FOTO

NOTAS ADICAIONALES

....
....
....
....
....
....
....
....

Libro de proyectos de costura

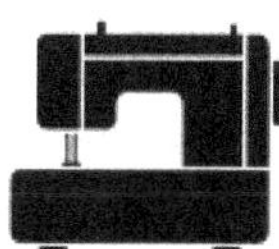

Libro de proyectos de costura

PROYECTO ....

CREADO PARA ....

FECHA DE INICIO .... FECHA DE FINALIZACIÓN ....

PUNTO .... CANTIDAD ....

PRECIO .... DEPÓSITOPA GADO .... SALDO PAGADO ....

MODELO UTILIZADO ....

MATERIAL NECESARIO ....

Rastreador de costura para llevar un registro de los proyectos de costura - regalo perfecto para los amantes de la costura

Rastreador de costura para llevar un registro de los proyectos de costura - regalo perfecto para los amantes de la costura

DETALLES

PROYECTO ....

CREADO PARA ....

FECHA DE INICIO .... **FECHA DE FINALIZACIÓN** ....

PUNTO .... **CANTIDAD** ....

PRECIO .... **DEPÓSITOPA GADO** .... **SALDO PAGADO** ....

MODELO UTILIZADO ....

MATERIAL NECESARIO ....

ESQUEMA / FOTO

NOTAS ADICAIONALES

....
....
....
....
....
....
....
....

Libro de proyectos de costura

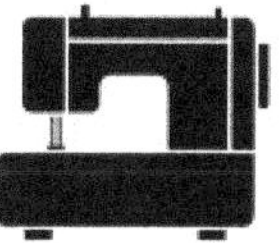

Libro de proyectos de costura

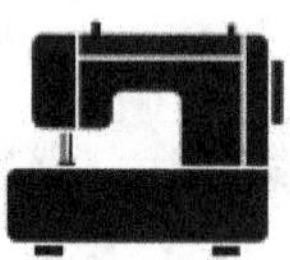

DETALLES

PROYECTO ....

CREADO PARA ....

FECHA DE INICIO .... FECHA DE FINALIZACIÓN ....

PUNTO .... CANTIDAD ....

PRECIO .... DEPÓSITOPA GADO .... SALDO PAGADO ....

MODELO UTILIZADO ....

MATERIAL NECESARIO ....

ESQUEMA / FOTO

NOTAS ADICAIONALES

....
....
....
....
....
....
....

Rastreador de costura para llevar un registro de los proyectos de costura - regalo perfecto para los amantes de la costura

Rastreador de costura para llevar un registro de los proyectos de costura - regalo perfecto para los amantes de la costura

DETALLES

PROYECTO ....

CREADO PARA ....

FECHA DE INICIO .... FECHA DE FINALIZACIÓN ....

PUNTO .... CANTIDAD ....

PRECIO .... DEPÓSITOPA .... SALDO ....
GADO   PAGADO

MODELO UTILIZADO ....

MATERIAL
NECESARIO ....

ESQUEMA / FOTO

NOTAS ADICAIONALES

....

....

....

....

....

....

....

....

Libro de proyectos de costura 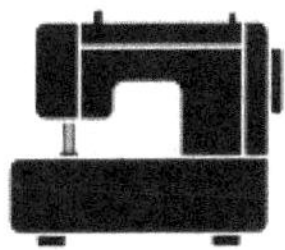

Libro de proyectos de costura

PROYECTO ....

CREADO PARA ....

FECHA DE INICIO .... FECHA DE FINALIZACIÓN ....

PUNTO .... CANTIDAD ....

PRECIO .... DEPÓSITOPA GADO .... SALDO PAGADO ....

MODELO UTILIZADO ....

MATERIAL NECESARIO ....

Rastreador de costura para llevar un registro de los proyectos de costura - regalo perfecto para los amantes de la costura

Rastreador de costura para llevar un registro de los proyectos de costura - regalo perfecto para los amantes de la costura

DETALLES

PROYECTO ....

CREADO PARA ....

FECHA DE INICIO .... **FECHA DE FINALIZACIÓN** ....

PUNTO .... **CANTIDAD** ....

PRECIO .... **DEPÓSITOPA GADO** .... **SALDO PAGADO** ....

MODELO UTILIZADO ....

MATERIAL NECESARIO ....

ESQUEMA / FOTO

NOTAS ADICAIONALES

....
....
....
....
....
....
....
....

Libro de proyectos de costura

Libro de proyectos de costura

DETALLES

PROYECTO ....

CREADO PARA ....

FECHA DE INICIO .... FECHA DE FINALIZACIÓN ....

PUNTO .... CANTIDAD ....

PRECIO .... DEPÓSITOPA GADO .... SALDO PAGADO ....

MODELO UTILIZADO ....

MATERIAL NECESARIO ....

ESQUEMA / FOTO

NOTAS ADICAIONALES

Rastreador de costura para llevar un registro de los proyectos de costura - regalo perfecto para los amantes de la costura

Rastreador de costura para llevar un registro de los proyectos de costura - regalo perfecto para los amantes de la costura

DETALLES

PROYECTO ....

CREADO PARA ....

FECHA DE INICIO .... **FECHA DE FINALIZACIÓN** ....

PUNTO .... **CANTIDAD** ....

PRECIO .... **DEPÓSITOPA GADO** .... **SALDO PAGADO** ....

MODELO UTILIZADO ....

MATERIAL NECESARIO ....

ESQUEMA / FOTO

NOTAS ADICAIONALES

....
....
....
....
....
....
....
....

Libro de proyectos de costura

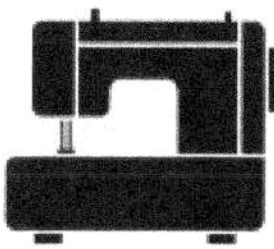

Libro de proyectos de costura

DETALLES

PROYECTO ....

CREADO PARA ....

FECHA DE INICIO .... **FECHA DE FINALIZACIÓN** ....

PUNTO .... **CANTIDAD** ....

PRECIO .... **DEPÓSITOPA GADO** .... **SALDO PAGADO** ....

MODELO UTILIZADO ....

MATERIAL NECESARIO ....

ESQUEMA / FOTO

NOTAS ADICAIONALES

Rastreador de costura para llevar un registro de los proyectos de costura - regalo perfecto para los amantes de la costura

Rastreador de costura para llevar un registro de los proyectos de costura - regalo perfecto para los amantes de la costura

DETALLES

PROYECTO ....

CREADO PARA ....

FECHA DE INICIO .... FECHA DE FINALIZACIÓN ....

PUNTO .... CANTIDAD ....

PRECIO .... DEPÓSITOPA GADO .... SALDO PAGADO ....

MODELO UTILIZADO ....

MATERIAL NECESARIO ....

ESQUEMA / FOTO

NOTAS ADICAIONALES

....
....
....
....
....
....
....
....

Libro de proyectos de costura

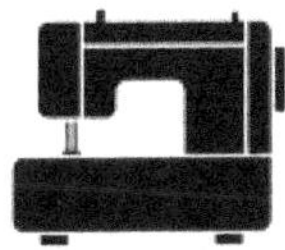

Libro de proyectos de costura

PROYECTO ....

CREADO PARA ....

FECHA DE INICIO .... **FECHA DE FINALIZACIÓN** ....

PUNTO .... **CANTIDAD** ....

PRECIO .... **DEPÓSITOPA GADO** .... **SALDO PAGADO** ....

MODELO UTILIZADO ....

MATERIAL NECESARIO ....

....
....
....
....
....
....
....

Rastreador de costura para llevar un registro de los proyectos de costura - regalo perfecto para los amantes de la costura

Rastreador de costura para llevar un registro de los proyectos de costura - regalo perfecto para los amantes de la costura

DETALLES

PROYECTO ....

CREADO PARA ....

FECHA DE INICIO .... FECHA DE FINALIZACIÓN ....

PUNTO .... CANTIDAD ....

PRECIO .... DEPÓSITOPA GADO .... SALDO PAGADO ....

MODELO UTILIZADO ....

MATERIAL NECESARIO ....

ESQUEMA / FOTO

NOTAS ADICAIONALES

....
....
....
....
....
....
....
....
....

Libro de proyectos de costura

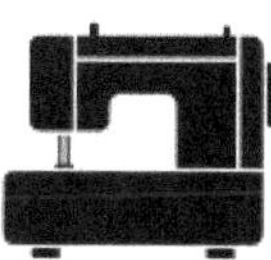

Libro de proyectos de costura

PROYECTO ....

CREADO PARA ....

FECHA DE INICIO .... FECHA DE FINALIZACIÓN ....

PUNTO .... CANTIDAD ....

PRECIO .... DEPÓSITOPA GADO .... SALDO PAGADO ....

MODELO UTILIZADO ....

MATERIAL NECESARIO ....

Rastreador de costura para llevar un registro de los proyectos de costura - regalo perfecto para los amantes de la costura

Rastreador de costura para llevar un registro de los proyectos de costura - regalo perfecto para los amantes de la costura

DETALLES

PROYECTO ....

CREADO PARA ....

FECHA DE INICIO .... **FECHA DE FINALIZACIÓN** ....

PUNTO .... **CANTIDAD** ....

PRECIO .... **DEPÓSITOPA GADO** .... **SALDO PAGADO** ....

MODELO UTILIZADO ....

MATERIAL NECESARIO ....

ESQUEMA / FOTO

NOTAS ADICAIONALES

....
....
....
....
....
....
....
....

Libro de proyectos de costura

Libro de proyectos de costura

DETALLES

PROYECTO ....

CREADO PARA ....

FECHA DE INICIO .... FECHA DE FINALIZACIÓN ....

PUNTO .... CANTIDAD ....

PRECIO .... DEPÓSITOPA GADO .... SALDO PAGADO ....

MODELO UTILIZADO ....

MATERIAL NECESARIO ....

ESQUEMA / FOTO

NOTAS ADICAIONALES

....

....

....

....

....

....

....

Rastreador de costura para llevar un registro de los proyectos de costura - regalo perfecto para los amantes de la costura

Rastreador de costura para llevar un registro de los proyectos de costura - regalo perfecto para los amantes de la costura

DETALLES

PROYECTO ....

CREADO PARA ....

FECHA DE INICIO .... **FECHA DE FINALIZACIÓN** ....

PUNTO .... **CANTIDAD** ....

PRECIO .... **DEPÓSITOPA GADO** .... **SALDO PAGADO** ....

MODELO UTILIZADO ....

MATERIAL NECESARIO ....

ESQUEMA / FOTO

NOTAS ADICAIONALES

....
....
....
....
....
....
....
....

Libro de proyectos de costura

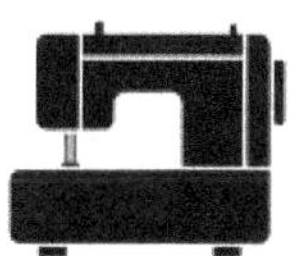

Libro de proyectos de costura

DETALLES

PROYECTO ....

CREADO PARA ....

FECHA DE INICIO .... FECHA DE FINALIZACIÓN ....

PUNTO .... CANTIDAD ....

PRECIO .... DEPÓSITOPA GADO .... SALDO PAGADO ....

MODELO UTILIZADO ....

MATERIAL NECESARIO ....

ESQUEMA / FOTO

NOTAS ADICAIONALES

Rastreador de costura para llevar un registro de los proyectos de costura - regalo perfecto para los amantes de la costura

Rastreador de costura para llevar un registro de los proyectos de costura - regalo perfecto para los amantes de la costura

DETALLES

PROYECTO ....

CREADO PARA ....

FECHA DE INICIO .... **FECHA DE FINALIZACIÓN** ....

PUNTO .... **CANTIDAD** ....

PRECIO .... **DEPÓSITOPA GADO** .... **SALDO PAGADO** ....

MODELO UTILIZADO ....

MATERIAL NECESARIO ....

ESQUEMA / FOTO

NOTAS ADICAIONALES

....
....
....
....
....
....
....
....

Libro de proyectos de costura

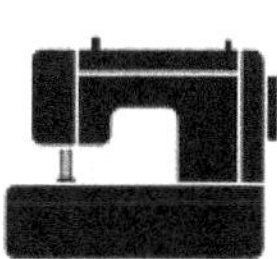

Libro de proyectos de costura

DETALLES

PROYECTO ....

CREADO PARA ....

FECHA DE INICIO .... FECHA DE FINALIZACIÓN ....

PUNTO .... CANTIDAD ....

PRECIO .... DEPÓSITOPA GADO .... SALDO PAGADO ....

MODELO UTILIZADO ....

MATERIAL NECESARIO ....

ESQUEMA / FOTO

NOTAS ADICAIONALES

Rastreador de costura para llevar un registro de los proyectos de costura - regalo perfecto para los amantes de la costura

Rastreador de costura para llevar un registro de los proyectos de costura - regalo perfecto para los amantes de la costura

DETALLES

PROYECTO ....

CREADO PARA ....

FECHA DE INICIO .... **FECHA DE FINALIZACIÓN** ....

PUNTO .... **CANTIDAD** ....

PRECIO .... **DEPÓSITOPA GADO** .... **SALDO PAGADO** ....

MODELO UTILIZADO ....

MATERIAL NECESARIO ....

ESQUEMA / FOTO

NOTAS ADICAIONALES

....
....
....
....
....
....
....
....
....

Libro de proyectos de costura

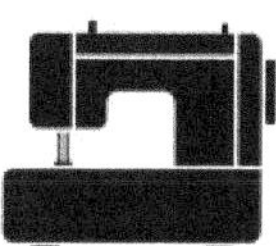

Libro de proyectos de costura

DETALLES

PROYECTO ....

CREADO PARA ....

FECHA DE INICIO .... **FECHA DE FINALIZACIÓN** ....

PUNTO .... **CANTIDAD** ....

PRECIO .... **DEPÓSITOPA GADO** .... **SALDO PAGADO** ....

MODELO UTILIZADO ....

MATERIAL NECESARIO ....

ESQUEMA / FOTO

NOTAS ADICAIONALES

....
....
....
....
....
....
....

Rastreador de costura para llevar un registro de los proyectos de costura - regalo perfecto para los amantes de la costura

Rastreador de costura para llevar un registro de los proyectos de costura - regalo perfecto para los amantes de la costura

DETALLES

PROYECTO ....

CREADO PARA ....

FECHA DE INICIO .... FECHA DE FINALIZACIÓN ....

PUNTO .... CANTIDAD ....

PRECIO .... DEPÓSITOPA GADO .... SALDO PAGADO ....

MODELO UTILIZADO ....

MATERIAL NECESARIO ....

ESQUEMA / FOTO

NOTAS ADICAIONALES

....
....
....
....
....
....
....
....

Libro de proyectos de costura

Libro de proyectos de costura

PROYECTO ....

CREADO PARA ....

FECHA DE INICIO .... FECHA DE FINALIZACIÓN ....

PUNTO .... CANTIDAD ....

PRECIO .... DEPÓSITOPA GADO .... SALDO PAGADO ....

MODELO UTILIZADO ....

MATERIAL NECESARIO ....

....
....
....
....
....
....
....

Rastreador de costura para llevar un registro de los proyectos de costura - regalo perfecto para los amantes de la costura

Rastreador de costura para llevar un registro de los proyectos de costura - regalo perfecto para los amantes de la costura

DETALLES

PROYECTO ....

CREADO PARA ....

FECHA DE INICIO .... FECHA DE FINALIZACIÓN ....

PUNTO .... CANTIDAD ....

PRECIO .... DEPÓSITOPA GADO .... SALDO PAGADO ....

MODELO UTILIZADO ....

MATERIAL NECESARIO ....

ESQUEMA / FOTO

NOTAS ADICAIONALES

....
....
....
....
....
....
....
....

Libro de proyectos de costura

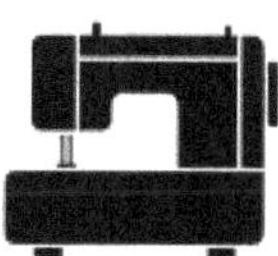

Libro de proyectos de costura

DETALLES

PROYECTO ....

CREADO PARA ....

FECHA DE INICIO .... FECHA DE FINALIZACIÓN ....

PUNTO .... CANTIDAD ....

PRECIO .... DEPÓSITOPA GADO .... SALDO PAGADO ....

MODELO UTILIZADO ....

MATERIAL NECESARIO ....

ESQUEMA / FOTO

NOTAS ADICAIONALES

....
....
....
....
....
....
....
....

Rastreador de costura para llevar un registro de los proyectos de costura - regalo perfecto para los amantes de la costura

Rastreador de costura para llevar un registro de los proyectos de costura - regalo perfecto para los amantes de la costura

DETALLES

PROYECTO ....

CREADO PARA ....

FECHA DE INICIO .... **FECHA DE FINALIZACIÓN** ....

PUNTO .... **CANTIDAD** ....

PRECIO .... **DEPÓSITOPA GADO** .... **SALDO PAGADO** ....

MODELO UTILIZADO ....

MATERIAL NECESARIO ....

ESQUEMA / FOTO

NOTAS ADICAIONALES

....
....
....
....
....
....
....
....

Libro de proyectos de costura

Libro de proyectos de costura

DETALLES

PROYECTO ....

CREADO PARA ....

FECHA DE INICIO .... FECHA DE FINALIZACIÓN ....

PUNTO .... CANTIDAD ....

PRECIO .... DEPÓSITOPAGADO .... SALDO PAGADO ....

MODELO UTILIZADO ....

MATERIAL NECESARIO ....

ESQUEMA / FOTO

NOTAS ADICAIONALES

....
....
....
....
....
....
....

Rastreador de costura para llevar un registro de los proyectos de costura - regalo perfecto para los amantes de la costura

Rastreador de costura para llevar un registro de los proyectos de costura - regalo perfecto para los amantes de la costura

DETALLES

PROYECTO ....

CREADO PARA ....

FECHA DE INICIO .... **FECHA DE FINALIZACIÓN** ....

PUNTO .... **CANTIDAD** ....

PRECIO .... **DEPÓSITOPA GADO** .... **SALDO PAGADO** ....

MODELO UTILIZADO ....

MATERIAL NECESARIO ....

ESQUEMA / FOTO

NOTAS ADICAIONALES

....
....
....
....
....
....
....
....

Libro de proyectos de costura

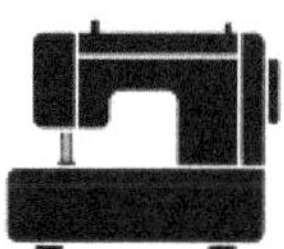

Libro de proyectos de costura

DETALLES

PROYECTO ....

CREADO PARA ....

FECHA DE INICIO .... FECHA DE FINALIZACIÓN ....

PUNTO .... CANTIDAD ....

PRECIO .... DEPÓSITOPA
GADO .... SALDO
PAGADO ....

MODELO UTILIZADO ....

MATERIAL
NECESARIO ....

ESQUEMA / FOTO

NOTAS ADICAIONALES

....
....
....
....
....
....
....

Rastreador de costura para llevar un registro de los proyectos de costura - regalo perfecto para los amantes de la costura

Rastreador de costura para llevar un registro de los proyectos de costura - regalo perfecto para los amantes de la costura

DETALLES

PROYECTO ....

CREADO PARA ....

FECHA DE INICIO .... FECHA DE FINALIZACIÓN ....

PUNTO .... CANTIDAD ....

PRECIO .... DEPÓSITOPA GADO .... SALDO PAGADO ....

MODELO UTILIZADO ....

MATERIAL NECESARIO ....

ESQUEMA / FOTO

NOTAS ADICAIONALES

....
....
....
....
....
....
....
....
....

Libro de proyectos de costura

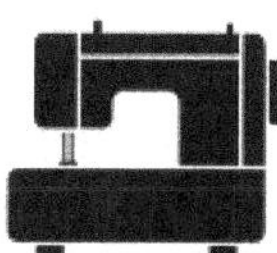

Libro de proyectos de costura

DETALLES

PROYECTO ....

CREADO PARA ....

FECHA DE INICIO .... FECHA DE FINALIZACIÓN ....

PUNTO .... CANTIDAD ....

PRECIO .... DEPÓSITOPA GADO .... SALDO PAGADO ....

MODELO UTILIZADO ....

MATERIAL NECESARIO ....

ESQUEMA / FOTO

NOTAS ADICAIONALES

....
....
....
....
....
....
....
....

Rastreador de costura para llevar un registro de los proyectos de costura - regalo perfecto para los amantes de la costura

Rastreador de costura para llevar un registro de los proyectos de costura - regalo perfecto para los amantes de la costura

DETALLES

PROYECTO ....

CREADO PARA ....

FECHA DE INICIO .... FECHA DE FINALIZACIÓN ....

PUNTO .... CANTIDAD ....

PRECIO .... DEPÓSITOPA GADO .... SALDO PAGADO ....

MODELO UTILIZADO ....

MATERIAL NECESARIO ....

ESQUEMA / FOTO

NOTAS ADICAIONALES

....
....
....
....
....
....
....
....

Libro de proyectos de costura 

Libro de proyectos de costura

DETALLES

PROYECTO ....

CREADO PARA ....

FECHA DE INICIO .... FECHA DE FINALIZACIÓN ....

PUNTO .... CANTIDAD ....

PRECIO .... DEPÓSITOPAGADO .... SALDO PAGADO ....

MODELO UTILIZADO ....

MATERIAL NECESARIO ....

ESQUEMA / FOTO

NOTAS ADICAIONALES

....
....
....
....
....
....
....

Rastreador de costura para llevar un registro de los proyectos de costura - regalo perfecto para los amantes de la costura

Rastreador de costura para llevar un registro de los proyectos de costura - regalo perfecto para los amantes de la costura

DETALLES

PROYECTO ....

CREADO PARA ....

FECHA DE INICIO .... FECHA DE FINALIZACIÓN ....

PUNTO .... CANTIDAD ....

PRECIO .... DEPÓSITOPA GADO .... SALDO PAGADO ....

MODELO UTILIZADO ....

MATERIAL NECESARIO ....

ESQUEMA / FOTO

NOTAS ADICAIONALES

....
....
....
....
....
....
....
....

Libro de proyectos de costura

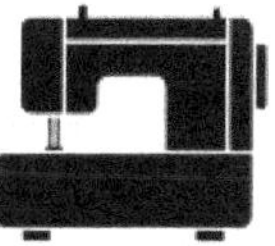

Libro de proyectos de costura

DETALLES

PROYECTO ....

CREADO PARA ....

FECHA DE INICIO .... FECHA DE FINALIZACIÓN ....

PUNTO .... CANTIDAD ....

PRECIO .... DEPÓSITOPA GADO .... SALDO PAGADO ....

MODELO UTILIZADO ....

MATERIAL NECESARIO ....

ESQUEMA / FOTO

NOTAS ADICAIONALES

....
....
....
....
....
....
....

Rastreador de costura para llevar un registro de los proyectos de costura - regalo perfecto para los amantes de la costura

Rastreador de costura para llevar un registro de los proyectos de costura - regalo perfecto para los amantes de la costura

DETALLES

PROYECTO ....

CREADO PARA ....

FECHA DE INICIO .... **FECHA DE FINALIZACIÓN** ....

PUNTO .... **CANTIDAD** ....

PRECIO .... **DEPÓSITOPA GADO** .... **SALDO PAGADO** ....

MODELO UTILIZADO ....

MATERIAL NECESARIO ....

ESQUEMA / FOTO

NOTAS ADICAIONALES

....
....
....
....
....
....
....
....

Libro de proyectos de costura

Libro de proyectos de costura

PROYECTO ....

CREADO PARA ....

FECHA DE INICIO .... **FECHA DE FINALIZACIÓN** ....

PUNTO .... **CANTIDAD** ....

PRECIO .... **DEPÓSITOPA GADO** .... **SALDO PAGADO** ....

MODELO UTILIZADO ....

MATERIAL NECESARIO ....

Rastreador de costura para llevar un registro de los proyectos de costura - regalo perfecto para los amantes de la costura

Rastreador de costura para llevar un registro de los proyectos de costura - regalo perfecto para los amantes de la costura

DETALLES

PROYECTO ....

CREADO PARA ....

FECHA DE INICIO .... FECHA DE FINALIZACIÓN ....

PUNTO .... CANTIDAD ....

PRECIO .... DEPÓSITOPA GADO .... SALDO PAGADO ....

MODELO UTILIZADO ....

MATERIAL NECESARIO ....

ESQUEMA / FOTO

NOTAS ADICAIONALES

....
....
....
....
....
....
....
....

Libro de proyectos de costura

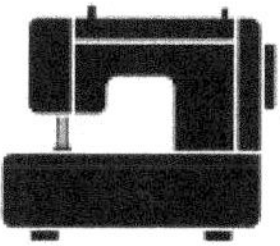

Libro de proyectos de costura

PROYECTO ....

CREADO PARA ....

FECHA DE INICIO .... **FECHA DE FINALIZACIÓN** ....

PUNTO .... **CANTIDAD** ....

PRECIO .... **DEPÓSITOPA GADO** .... **SALDO PAGADO** ....

MODELO UTILIZADO ....

MATERIAL NECESARIO ....

Rastreador de costura para llevar un registro de los proyectos de costura - regalo perfecto para los amantes de la costura

Rastreador de costura para llevar un registro de los proyectos de costura - regalo perfecto para los amantes de la costura

DETALLES

PROYECTO ....

CREADO PARA ....

FECHA DE INICIO .... FECHA DE FINALIZACIÓN ....

PUNTO .... CANTIDAD ....

PRECIO .... DEPÓSITOPA SALDO
                                  GADO .... PAGADO ....

MODELO UTILIZADO ....

MATERIAL
NECESARIO ....

ESQUEMA / FOTO

NOTAS ADICAIONALES

....

....

....

....

....

....

....

....

Libro de proyectos de costura

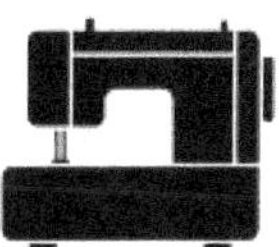

Libro de proyectos de costura

PROYECTO ....

CREADO PARA ....

FECHA DE INICIO .... **FECHA DE FINALIZACIÓN** ....

PUNTO .... **CANTIDAD** ....

PRECIO .... **DEPÓSITOPA GADO** .... **SALDO PAGADO** ....

MODELO UTILIZADO ....

MATERIAL NECESARIO ....

ESQUEMA / FOTO

NOTAS ADICAIONALES

....
....
....
....
....
....
....

Rastreador de costura para llevar un registro de los proyectos de costura - regalo perfecto para los amantes de la costura

Rastreador de costura para llevar un registro de los proyectos de costura - regalo perfecto para los amantes de la costura

DETALLES

PROYECTO ....

CREADO PARA ....

FECHA DE INICIO .... FECHA DE FINALIZACIÓN ....

PUNTO .... CANTIDAD ....

PRECIO .... DEPÓSITOPA GADO .... SALDO PAGADO ....

MODELO UTILIZADO ....

MATERIAL NECESARIO ....

ESQUEMA / FOTO

NOTAS ADICAIONALES

....
....
....
....
....
....
....
....
....

Libro de proyectos de costura

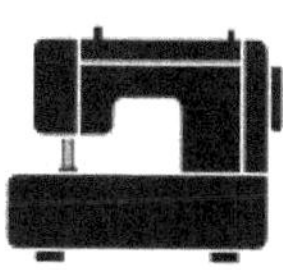

Libro de proyectos de costura

DETALLES

PROYECTO ....

CREADO PARA ....

FECHA DE INICIO .... FECHA DE FINALIZACIÓN ....

PUNTO .... CANTIDAD ....

PRECIO .... DEPÓSITOPA GADO .... SALDO PAGADO ....

MODELO UTILIZADO ....

MATERIAL NECESARIO ....

ESQUEMA / FOTO

NOTAS ADICAIONALES

....
....
....
....
....
....
....

Rastreador de costura para llevar un registro de los proyectos de costura - regalo perfecto para los amantes de la costura

Rastreador de costura para llevar un registro de los proyectos de costura - regalo perfecto para los amantes de la costura

DETALLES

PROYECTO ....

CREADO PARA ....

FECHA DE INICIO .... FECHA DE FINALIZACIÓN ....

PUNTO .... CANTIDAD ....

PRECIO .... DEPÓSITOPA GADO .... SALDO PAGADO ....

MODELO UTILIZADO ....

MATERIAL NECESARIO ....

ESQUEMA / FOTO

NOTAS ADICAIONALES

....
....
....
....
....
....
....
....

Libro de proyectos de costura

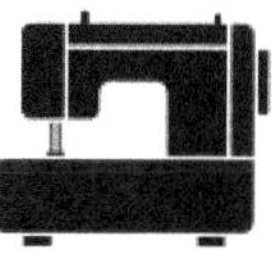

Libro de proyectos de costura

DETALLES

PROYECTO ....

CREADO PARA ....

FECHA DE INICIO .... FECHA DE FINALIZACIÓN ....

PUNTO .... CANTIDAD ....

PRECIO .... DEPÓSITOPA GADO .... SALDO PAGADO ....

MODELO UTILIZADO ....

MATERIAL NECESARIO ....

ESQUEMA / FOTO

NOTAS ADICAIONALES

....
....
....
....
....
....
....

Rastreador de costura para llevar un registro de los proyectos de costura - regalo perfecto para los amantes de la costura

Rastreador de costura para llevar un registro de los proyectos de costura - regalo perfecto para los amantes de la costura

DETALLES

PROYECTO ....

CREADO PARA ....

FECHA DE INICIO .... FECHA DE FINALIZACIÓN ....

PUNTO .... CANTIDAD ....

PRECIO .... DEPÓSITOPA GADO .... SALDO PAGADO ....

MODELO UTILIZADO ....

MATERIAL NECESARIO ....

ESQUEMA / FOTO

NOTAS ADICAIONALES

....
....
....
....
....
....
....
....

Libro de proyectos de costura

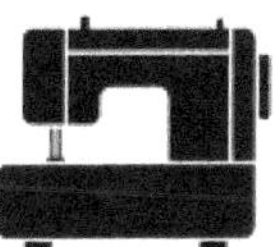

Libro de proyectos de costura

DETALLES

PROYECTO ....

CREADO PARA ....

FECHA DE INICIO .... FECHA DE FINALIZACIÓN ....

PUNTO .... CANTIDAD ....

PRECIO .... DEPÓSITOPA GADO .... SALDO PAGADO ....

MODELO UTILIZADO ....

MATERIAL NECESARIO ....

ESQUEMA / FOTO

NOTAS ADICAIONALES

Rastreador de costura para llevar un registro de los proyectos de costura - regalo perfecto para los amantes de la costura

Rastreador de costura para llevar un registro de los proyectos de costura - regalo perfecto para los amantes de la costura

DETALLES

PROYECTO ....

CREADO PARA ....

FECHA DE INICIO .... FECHA DE FINALIZACIÓN ....

PUNTO .... CANTIDAD ....

PRECIO .... DEPÓSITOPA GADO .... SALDO PAGADO ....

MODELO UTILIZADO ....

MATERIAL NECESARIO ....

ESQUEMA / FOTO

NOTAS ADICAIONALES

....
....
....
....
....
....
....
....
....

Libro de proyectos de costura

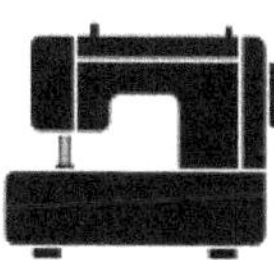

Libro de proyectos de costura

DETALLES

PROYECTO ....

CREADO PARA ....

FECHA DE INICIO .... FECHA DE FINALIZACIÓN ....

PUNTO .... CANTIDAD ....

PRECIO .... DEPÓSITOPA GADO .... SALDO PAGADO ....

MODELO UTILIZADO ....

MATERIAL NECESARIO ....

ESQUEMA / FOTO

NOTAS ADICAIONALES

....
....
....
....
....
....
....

Rastreador de costura para llevar un registro de los proyectos de costura - regalo perfecto para los amantes de la costura

Rastreador de costura para llevar un registro de los proyectos de costura - regalo perfecto para los amantes de la costura

DETALLES

PROYECTO ....

CREADO PARA ....

FECHA DE INICIO .... FECHA DE FINALIZACIÓN ....

PUNTO .... CANTIDAD ....

PRECIO .... DEPÓSITOPA GADO .... SALDO PAGADO ....

MODELO UTILIZADO ....

MATERIAL NECESARIO ....

ESQUEMA / FOTO

NOTAS ADICAIONALES

....
....
....
....
....
....
....
....

Libro de proyectos de costura

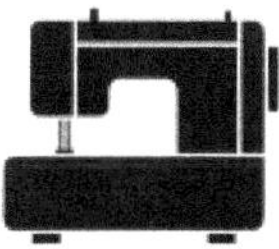

Libro de proyectos de costura

DETALLES

PROYECTO ....

CREADO PARA ....

FECHA DE INICIO .... **FECHA DE FINALIZACIÓN** ....

PUNTO .... **CANTIDAD** ....

PRECIO .... **DEPÓSITOPAGADO** .... **SALDOPAGADO** ....

MODELO UTILIZADO ....

MATERIAL NECESARIO ....

ESQUEMA / FOTO

NOTAS ADICAIONALES

....
....
....
....
....
....
....

Rastreador de costura para llevar un registro de los proyectos de costura - regalo perfecto para los amantes de la costura

Rastreador de costura para llevar un registro de los proyectos de costura - regalo perfecto para los amantes de la costura

DETALLES

PROYECTO ....

CREADO PARA ....

FECHA DE INICIO .... **FECHA DE FINALIZACIÓN** ....

PUNTO .... **CANTIDAD** ....

PRECIO .... **DEPÓSITOPAGADO** .... **SALDO PAGADO** ....

MODELO UTILIZADO ....

MATERIAL NECESARIO ....

ESQUEMA / FOTO

NOTAS ADICAIONALES

....
....
....
....
....
....
....
....

Libro de proyectos de costura

Libro de proyectos de costura

PROYECTO ....

CREADO PARA ....

FECHA DE INICIO .... FECHA DE FINALIZACIÓN ....

PUNTO .... CANTIDAD ....

PRECIO .... DEPÓSITOPA GADO .... SALDO PAGADO ....

MODELO UTILIZADO ....

MATERIAL NECESARIO ....

Rastreador de costura para llevar un registro de los proyectos de costura - regalo perfecto para los amantes de la costura

Rastreador de costura para llevar un registro de los proyectos de costura - regalo perfecto para los amantes de la costura

DETALLES

PROYECTO ....

CREADO PARA ....

FECHA DE INICIO .... FECHA DE FINALIZACIÓN ....

PUNTO .... CANTIDAD ....

PRECIO .... DEPÓSITOPA GADO .... SALDO PAGADO ....

MODELO UTILIZADO ....

MATERIAL NECESARIO ....

ESQUEMA / FOTO

NOTAS ADICAIONALES

....
....
....
....
....
....
....
....

Libro de proyectos de costura

Libro de proyectos de costura

DETALLES

PROYECTO ....

CREADO PARA ....

FECHA DE INICIO .... **FECHA DE FINALIZACIÓN** ....

PUNTO .... **CANTIDAD** ....

PRECIO .... **DEPÓSITOPA GADO** .... **SALDO PAGADO** ....

MODELO UTILIZADO ....

MATERIAL NECESARIO ....

ESQUEMA / FOTO

NOTAS ADICAIONALES

....
....
....
....
....
....
....

Rastreador de costura para llevar un registro de los proyectos de costura - regalo perfecto para los amantes de la costura

Rastreador de costura para llevar un registro de los proyectos de costura - regalo perfecto para los amantes de la costura

DETALLES

PROYECTO ....

CREADO PARA ....

FECHA DE INICIO .... FECHA DE FINALIZACIÓN ....

PUNTO .... CANTIDAD ....

PRECIO .... DEPÓSITOPA GADO .... SALDO PAGADO ....

MODELO UTILIZADO ....

MATERIAL NECESARIO ....

ESQUEMA / FOTO

NOTAS ADICAIONALES

....
....
....
....
....
....
....
....

Libro de proyectos de costura

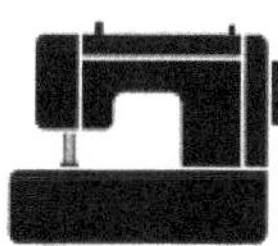

Libro de proyectos de costura 

DETALLES

PROYECTO ....

CREADO PARA ....

FECHA DE INICIO .... **FECHA DE FINALIZACIÓN** ....

PUNTO .... **CANTIDAD** ....

PRECIO .... **DEPÓSITOPAGADO** .... **SALDO PAGADO** ....

MODELO UTILIZADO ....

MATERIAL NECESARIO ....

ESQUEMA / FOTO

NOTAS ADICAIONALES

....
....
....
....
....
....
....

Rastreador de costura para llevar un registro de los proyectos de costura - regalo perfecto para los amantes de la costura

Rastreador de costura para llevar un registro de los proyectos de costura - regalo perfecto para los amantes de la costura

DETALLES

PROYECTO ....

CREADO PARA ....

FECHA DE INICIO .... **FECHA DE FINALIZACIÓN** ....

PUNTO .... **CANTIDAD** ....

PRECIO .... **DEPÓSITOPA GADO** .... **SALDO PAGADO** ....

MODELO UTILIZADO ....

MATERIAL NECESARIO ....

ESQUEMA / FOTO

NOTAS ADICAIONALES

....
....
....
....
....
....
....
....

Libro de proyectos de costura

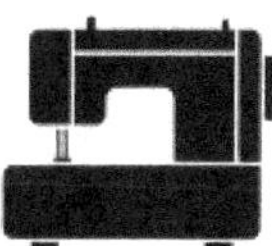

Libro de proyectos de costura

PROYECTO ....

CREADO PARA ....

FECHA DE INICIO .... FECHA DE FINALIZACIÓN ....

PUNTO .... CANTIDAD ....

PRECIO .... DEPÓSITOPA GADO .... SALDO PAGADO ....

MODELO UTILIZADO ....

MATERIAL NECESARIO ....

Rastreador de costura para llevar un registro de los proyectos de costura - regalo perfecto para los amantes de la costura

DETALLES

PROYECTO ....

CREADO PARA ....

FECHA DE INICIO .... **FECHA DE FINALIZACIÓN** ....

PUNTO .... **CANTIDAD** ....

PRECIO .... **DEPÓSITOPA GADO** .... **SALDO PAGADO** ....

MODELO UTILIZADO ....

MATERIAL NECESARIO ....

ESQUEMA / FOTO

NOTAS ADICAIONALES

....
....
....
....
....
....
....
....
....

Libro de proyectos de costura

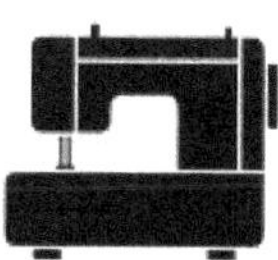

Libro de proyectos de costura

PROYECTO ....

CREADO PARA ....

FECHA DE INICIO .... FECHA DE FINALIZACIÓN ....

PUNTO .... CANTIDAD ....

PRECIO .... DEPÓSITOPA GADO .... SALDO PAGADO ....

MODELO UTILIZADO ....

MATERIAL NECESARIO ....

....
....
....
....
....
....

Rastreador de costura para llevar un registro de los proyectos de costura - regalo perfecto para los amantes de la costura

Rastreador de costura para llevar un registro de los proyectos de costura - regalo perfecto para los amantes de la costura

DETALLES

PROYECTO ....

CREADO PARA ....

FECHA DE INICIO .... **FECHA DE FINALIZACIÓN** ....

PUNTO .... **CANTIDAD** ....

PRECIO .... **DEPÓSITOPA GADO** .... **SALDO PAGADO** ....

MODELO UTILIZADO ....

MATERIAL NECESARIO ....

ESQUEMA / FOTO

NOTAS ADICAIONALES

....
....
....
....
....
....
....
....

Libro de proyectos de costura

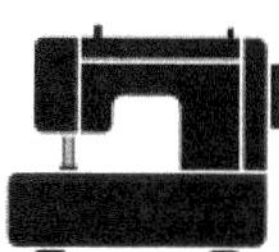

Libro de proyectos de costura

PROYECTO ....

CREADO PARA ....

FECHA DE INICIO .... FECHA DE FINALIZACIÓN ....

PUNTO .... CANTIDAD ....

PRECIO .... DEPÓSITOPAGADO .... SALDO PAGADO ....

MODELO UTILIZADO ....

MATERIAL NECESARIO ....

....
....
....
....
....
....
....

Rastreador de costura para llevar un registro de los proyectos de costura - regalo perfecto para los amantes de la costura

Rastreador de costura para llevar un registro de los proyectos de costura - regalo perfecto para los amantes de la costura

DETALLES

PROYECTO ....

CREADO PARA ....

FECHA DE INICIO .... FECHA DE FINALIZACIÓN ....

PUNTO .... CANTIDAD ....

PRECIO .... DEPÓSITO PAGADO .... SALDO PAGADO ....

MODELO UTILIZADO ....

MATERIAL NECESARIO ....

ESQUEMA / FOTO

NOTAS ADICAIONALES

....
....
....
....
....
....
....
....

Libro de proyectos de costura

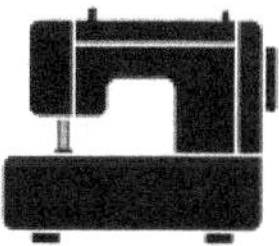